Alexis de Tocqueville

Mémoire
sur
le paupérisme

ISBN : 978-1511688680

10 9 8 7 6 5 4 3 2 1

Alexis de Tocqueville

Mémoire sur le paupérisme

Table de Matières

Mémoire sur le Paupérisme

Première Partie

Du développement progressif du paupérisme *chez les modernes et des moyens employés pour le combattre.*

LORSQU'ON parcourt les diverses contrées de l'Europe, on est frappé d'un spectacle très extraordinaire et en apparence inexplicable.

Les pays qui paraissent les plus misérables sont ceux qui, en réalité, comptent le moins d'indigents, et chez les peuples dont vous admirez l'opulence, une partie de la population est obligée pour vivre d'avoir recours aux dons de l'autre.

Traversez les campagnes de l'Angleterre, vous vous croirez transporté dans l'Eden de la civilisation moderne. Des routes magnifiquement entretenues, de fraîches et propres demeures, de gras troupeaux errant dans de riches prairies, des cultivateurs pleins de force et de santé, la richesse plus éblouissante qu'en aucun pays du monde, la simple aisance plus ornée et plus recherchée qu'ailleurs ; partout l'aspect du soin, du bien-être et des loisirs ; un air de prospérité universelle qu'on croit respirer dans l'atmosphère elle-même et qui fait tressaillir le cœur à chaque pas : telle apparaît l'Angleterre aux premiers regards du voyageur.

Pénétrez maintenant dans l'intérieur des communes ; examinez les registres des paroisses, et vous découvrirez avec un inexprimable étonnement que le sixième des habitants de ce florissant royaume vit aux dépens de la charité publique.

Que si vous transportez en Espagne, et surtout en Portugal, la scène de vos observations, un spectacle tout contraire frappera vos regards. Vous rencontrez sur vos pas une population mal nourrie, mal vêtue, ignorante et grossière, vivant au milieu de campagnes à moitié incultes et dans des demeures misérables ; en Portugal cependant, le nombre des indigents est peu considérable. M. de Villeneuve estime qu'il se trouve dans ce royaume un pauvre sur vingt-cinq habitants. Le célèbre géographe Balbi avait précédemment indiqué le chiffre d'un indigent sur quatre-vingt-dix-huit habitants.

Au lieu de comparer entre elles des contrées étrangères, opposez les unes aux autres diverses parties du même empire, et vous arriverez à un résultat analogue : vous verrez croître proportionnellement, d'une part, le nombre de ceux qui vivent dans l'aisance, et, de l'autre, le nombre de ceux qui ont recours pour vivre aux dons du public.

La moyenne des indigents en France, suivant les calculs d'un écrivain consciencieux [1] dont je suis loin, du reste, d'approuver toutes les théories, est d'un pauvre sur vingt habitants. Mais on remarque, entre les différentes parties du royaume, d'immenses différences. Le département du Nord, qui est à coup sûr le plus riche, le plus peuplé et le plus avancé en toute chose, compte près du sixième de sa population auquel les secours de la charité sont nécessaires. Dans la Creuse, le plus pauvre et le moins industrialisé de tous nos départements, il ne se rencontre qu'un indigent sur cinquante-huit habitants. Dans cette statistique, la Manche est indiquée comme ayant un pauvre sur vingt-six habitants.

Je pense qu'il n'est pas impossible de donner une explication raisonnable de ce phénomène. L'effet que je viens de signaler tient à plusieurs causes générales qu'il serait trop long d'approfondir, mais qu'on peut au moins indiquer.

Ici, pour bien comprendre ma pensée, je sens le besoin de remonter pour un moment jusqu'à la source des sociétés humaines. Je descendrai ensuite rapidement le fleuve de humanité jusqu'à nos jours.

Voici les hommes qui se rassemblent pour la première fois. Ils sortent des bois, ils sont encore sauvages ; ils s'associent non pour jouir de la vie, mais pour trouver les moyens e vivre. Un abri contre l'intempérie des saisons, une nourriture suffisante, tel est l'objet de leurs efforts. Leur esprit ne va pas au-delà e ces biens, et, s'ils les obtiennent sans peine, ils s'estiment satisfaits de leur sort et endorment dans leur oisive aisance. J'ai vécu au milieu des peuplades barbares de l'Amérique du Nord ; j'ai plaint leur destinée, mais eux ne la trouvaient point cruelle. Coulé au milieu de la fumée de sa hutte, couvert de grossiers vêtements, ouvrage

---

1 M. de Villeneuve. (Note de Tocqueville.)

de ses mains ou produit de sa chasse, l'Indien regarde en pitié nos arts, considérant comme un assujettissement fatigant et honteux les recherches de notre civilisation ; il ne nous envie que nos armes.

Parvenus à ce premier âge des sociétés, les hommes ont donc encore très peu de désirs, ; ne ressentent guère que des besoins analogues à ceux qu'éprouvent les animaux ; ils ont seulement découvert dans l'organisation sociale le moyen de les satisfaire avec moins de peine. Avant que l'agriculture leur soit connue, ils vivent de la chasse ; du moment qu'ils ont appris l'art de faire produire à la terre des moissons, ils deviennent cultivateurs. Chacun tire alors du champ qui lui est échu en partage de quoi pourvoir à sa nourriture et à celle de ses enfants. La propriété foncière est créée et avec elle on voit naître l'élément le plus actif du progrès.

Du moment où les hommes possèdent la terre, ils se fixent. Ils trouvent dans la culture du sol des ressources abondantes contre la faim. Assurés de vivre, ils commencent à entrevoir qu'il se rencontre dans l'existence humaine d'autres sources de jouissances que la satisfaction des premiers et des plus impérieux besoins de la vie.

Tant que les hommes avaient été errants et chasseurs, l'inégalité n'avait pu s'introduire parmi eux d'une manière permanente. Il n'existait point de signe extérieur qui pût établir d'une façon durable la supériorité d'un homme et surtout d'une famille sur une autre famille ou sur un autre homme ; et ce signe eût-il existé, on n'aurait pu le transmettre à ses enfants. Mais dès l'instant où la propriété foncière fut connue et où les hommes eurent converti les vastes forêts en riches guérets et grasses prairies, de ce moment on vit des individus réunir dans leurs mains beaucoup plus de terre qu'il n'en fallait pour se nourrir et en perpétuer la propriété dans les mains de leur postérité. De là l'existence du superflu ; avec le superflu naît le goût des jouissances autres que la satisfaction des besoins les plus grossiers de la nature physique.

C'est à cet âge des sociétés qu'il faut placer l'origine de presque toutes les aristocraties.

Tandis que quelques hommes connaissent déjà l'art de concentrer dans les mains d'un petit nombre, avec la richesse et le pouvoir, presque toutes les jouissances intellectuelles matérielles que peut présenter l'existence, la foule à demi sauvage ignore encore le secret de répandre l'aisance et la liberté sur tous. A cette époque de l'histoire du genre humain, les hommes ont déjà abandonné les grossières et orgueilleuses vertus qui avaient pris naissance dans les bois ; ils ont perdu ces avantages de la barbarie, sans acquérir ce que la civilisation peut donner. Attachés à la culture du sol comme à leur seule ressource, ils ignorent l'art de défendre les fruits de leurs travaux. Placés entre l'indépendance sauvage qu'ils ne peuvent plus goûter, et la liberté civile et politique qu'ils ne comprennent point encore, ils sont livrés sans recours à la violence et à la ruse, et se montrent prêts à subir toutes les tyrannies, pourvu qu'on les laisse vivre ou plutôt végéter près de leurs sillons.

C'est alors que la propriété foncière s'agglomère outre mesure ; que le gouvernement se concentre dans quelques mains. C'est alors que la guerre, au lieu de mettre en péril l'état politique des peuples ainsi qu'il arrive de nos jours, menace la propriété individuelle de chaque citoyen ; que l'inégalité atteint dans le monde ses extrêmes limites et qu'on voit s'étendre l'esprit de conquête qui a été comme le père et la mère de toutes les aristocraties durables.

Les Barbares qui ont envahi l'Empire romain à la fin du IVe siècle étaient des sauvages qui avaient entrevu ce que la propriété foncière présente d'utile et qui voulurent s'attribuer exclusivement les avantages qu'elle peut offrir. La plupart des provinces romaines qu'ils attaquèrent étaient peuplées par des hommes attachés depuis longtemps déjà à la culture de la terre, dont les mœurs s'étaient amollies parmi les occupations paisibles des champs et chez lesquels cependant la civilisation n'avait point encore fait d'assez grands progrès pour les mettre en état de lutter contre l'impétuosité primitive de leurs ennemis. La victoire mit dans les mains des Barbares non seulement le gouvernement, mais la propriété des tiers. Le cultivateur, de possesseur devint fermier. L'inégalité passa dans les lois ; elle devint un droit après avoir été un fait. La société féodale s'organisa et l'on vit naître le Moyen Age. Si l'on fait attention à ce qui ce passe dans le monde depuis l'origine des sociétés, on découvrira sans peine que l'égalité ne se rencontre qu'aux deux bouts de la civilisation. Les sauvages sont égaux entre eux parce qu'ils sont tous également faibles et ignorants. Les hommes très civilisés peuvent tous devenir égaux parce qu'ils ont tous à leur disposition des moyens analogues d'atteindre l'aisance et le bonheur. Entre ces deux extrêmes se trouvent l'inégalité des conditions, la richesse, les lumières, le pouvoir des uns, la pauvreté, l'ignorance et la faiblesse de tous les autres.

D'habiles et savants écrivains ont déjà travaillé à faire connaître le Moyen Age ; d'autres y travaillent encore et parmi eux il nous est permis de compter le secrétaire de la Société académique de Cherbourg. Je laisse donc cette grande tâche à des hommes plus capables que moi de la remplir ; je ne veux ici qu'examiner un coin de l'immense tableau que les siècles féodaux déroulent à nos yeux.

Au XIIᵉ siècle, ce qui a été appelé depuis le tiers état n'existait pour ainsi dire point encore. La population n'était divisée qu'en deux catégories : d'un côté ceux qui cultivaient le sol sans le posséder ; de l'autre ceux qui possédaient le sol sans le cultiver.

Quant à cette première classe de la population, j'imagine que, sous certains rapports, son sort était moins à plaindre que celui des hommes du peuple de nos jours. Ces hommes, qui en faisaient partie avec plus de liberté, d'élévation et de moralité que les esclaves de nos colonies, se trouvaient cependant dans une position analogue. Leurs moyens d'existence étaient presque toujours assurés ; l'intérêt du maître se rencontrait sur ce point d'accord avec le leur. Bornés dans leurs désirs aussi bien que dans leur pouvoir, sans souffrance pour le présent, tranquilles sur un avenir qui ne leur appartenait pas, ils jouissaient de ce genre de bonheur végétatif dont il est aussi difficile à l'homme très civilisé de comprendre le charme que de nier l'existence.

L'autre classe présentait un spectacle opposé. Là se rencontrait avec un loisir héréditaire l'usage habituel et assuré d'un grand superflu. Je suis loin de croire cependant qu'au sein même de cette classe privilégiée, la recherche des jouissances de la vie fût poussée aussi loin qu'on le suppose généralement. Le luxe peut facilement exister au sein d'une nation encore à moitié barbare, mais non l'aisance. L'aisance suppose une classe nombreuse dont tous les membres s'occupent simultanément à rendre la vie plus douce et plus aisée. Or, dans les temps dont je parle,

Alexis de Tocqueville

le nombre de ceux que le soin de vivre ne préoccupait pas uniquement était très petit. L'existence de ces derniers était brillante, fastueuse, mais non commode. On mangeait avec ses doigts dans des plats d'argent ou acier ciselé ; les habits étaient couverts d'hermine et d'or et le linge était inconnu ; on logeait dans des palais dont l'humidité couvrait les murs, et l'on s'asseyait sur des sièges de bois richement sculptés près d'immenses foyers où se consumaient des arbres entiers sans répandre la chaleur autour d'eux. Je suis convaincu qu'il n'est pas aujourd'hui de ville de province dont les habitants aisés ne réunissent dans leur demeure plus de véritables commodités de la vie et ne trouvent plus de facilité à satisfaire les mille besoins que la civilisation fait naître, que le plus orgueilleux baron du Moyen Age.

Si nous attachons nos regards sur les siècles féodaux, nous découvrons donc que la grande majorité de la population vivait presque sans besoins et que le reste n'en éprouvait qu'un petit nombre. La terre suffisait pour ainsi dire à tous, l'aisance n'était nulle part ; partout le vivre.

Il était nécessaire de fixer ce point de départ pour faire bien comprendre ce que je vais dire.

A mesure que le temps suit son cours, la population qui cultive la terre conçoit des goûts nouveaux. La satisfaction des plus grossiers besoins ne saurait plus la contenter. Le paysan, sans quitter ses champs, veut s'y trouver mieux logé, mieux couvert ; il a entrevu les douceurs de l'aisance et il désire se les procurer. D'un autre côté, la classe qui vit de la terre sans cultiver le sol étend le cercle de ses jouissances ; ses plaisirs sont moins fastueux, mais plus compliqués, plus variés. Mille besoins inconnus aux nobles du Moyen Age viennent aiguillonner leurs descendants. Un grand nombre d'hommes qui vivaient sur la terre et de la terre quittent alors les champs et trouvent moyen de pourvoir à leur existence en travaillant à satisfaire ces besoins nouveaux qui se manifestent. La culture, qui était l'occupation de tous, n'est plus que celle du plus grand nombre. A côté de ceux qui subsistent des produits du sol sans travailler, se place une classe nombreuse qui vit en travaillant de son industrie mais sans cultiver le sol.

Chaque siècle, en s'échappant des mains du Créateur, vient développer l'esprit humain, étendre le cercle de la pensée, augmenter les désirs, accroître la puissance de l'homme ; le pauvre et le riche, chacun dans sa sphère, conçoit l'idée de jouissances nouvelles qu'ignoraient leurs devanciers. Pour satisfaire ces nouveaux besoins auxquels la culture de la terre ne peut suffire, une portion de la population quitte chaque année les travaux des champs pour s'adonner à l'industrie.

Si l'on considère attentivement ce qui se passe en Europe depuis plusieurs siècles, on demeure convaincu qu'à mesure que la civilisation faisait des progrès, il s'opérait un grand déplacement dans la population. Les hommes quittaient la charrue pour prendre la navette et le marteau ; de la chaumière ils passaient dans la manufacture ; en agissant ainsi, ils obéissaient aux lois immuables qui président à la croissance des sociétés organisées. On ne peut donc pas plus assigner un terme à ce mouvement qu'imposer des bornes à la perfectibilité humaine. La limite de l'un comme des autres n'est connue que de Dieu.

Quelle a été, quelle est la conséquence du mouvement graduel et irrésistible que nous venons de décrire ?

Une somme immense de biens nouveaux a été introduite dans le monde ; la classe qui était restée à la culture de la terre a trouvé à sa disposition une foule de jouissances que le siècle précédent n'avait pas connues ; la vie du cultivateur est devenue plus douce et plus commode ; la vie du grand propriétaire plus variée et plus ornée ; l'aisance s'est trouvée à la portée du plus grand nombre, mais ces heureux résultats n'ont point été obtenus sans qu'il fallût les payer.

J'ai dit qu'au Moyen Age l'aisance n'était nulle part, le vivre partout. Ce mot résume d'avance ce qui va suivre. Lorsque la presque totalité de la population vivait de la culture du sol, on rencontrait de grandes misères et des mœurs grossières, mais les besoins les plus pressants de l'homme étaient satisfaits. Il est très rare que la terre ne puisse au moins fournir à celui qui l'arrose de ses sueurs de quoi apaiser le cri de la faim. La population était donc misérable, mais elle vivait. Aujourd'hui la population est plus heureuse, mais il se rencontre toujours une minorité prête à mourir de besoin si l'appui du public vient à lui manquer.

Alexis de Tocqueville

Un pareil résultat est facile à comprendre. Le cultivateur a pour produit des denrées de première nécessité. Le débit peut en être plus ou moins avantageux, mais il est à peu près sûr ; et si une cause accidentelle empêche l'écoulement des produits du sol, ces fruits fournissent au moins de quoi vivre à celui qui les a recueillis et lui permettent d'attendre des temps meilleurs.

L'ouvrier, au contraire, spécule sur des besoins factices et secondaires que mille causes peuvent restreindre, que de grands évènements peuvent entièrement suspendre. quels que soient le malheur des temps, la cherté ou le bon marché des denrées, il faut à chaque homme une certaine somme de nourriture sans laquelle il languit et meurt, et l'on est toujours assuré de lui voir faire des sacrifices extraordinaires pour se les procurer ; mais des circonstances malheureuses peuvent porter la population à se refuser certaines jouissances, auxquelles elle se livrait sans peine en d'autres temps. Or c'est le goût et l'usage de ces jouissances sur lesquels l'ouvrier compte pour vivre. S'ils viennent à lui manquer, il ne lui reste aucune ressource. Sa moisson, à lui, est brûlée ; ses champs sont frappés de stérilité, et pour peu qu'un pareil état se prolonge, il n'aperçoit qu'une horrible misère et la mort.

Je n'ai parlé que du cas où la population restreindrait ses besoins. Beaucoup d'autres causes peuvent amener le même effet : une production exagérée chez les régnicoles, la concurrence des étrangers...

La classe industrielle qui sert si puissamment au bien-être des autres est donc bien plus exposée qu'elles aux maux subits et irrémédiables. Dans la grande fabrique des sociétés humaines, je considère la classe industrielle comme ayant reçu de Dieu la mission spéciale et dangereuse de pourvoir à ses risques et périls au bonheur matériel de toutes les autres. Or le mouvement naturel et irrémédiable de la civilisation tend sans cesse a augmenter a quantité comparative de ceux qui la composent. Chaque année, les besoins se multiplient et se diversifient, et avec eux croît le nombre des individus qui espèrent se créer une plus grande aisance en travaillant à satisfaire ces besoins nouveaux qu'en restant occupes de l'agriculture : grand sujet de méditation pour les hommes d'État de nos jours !

C'est à cette cause qu'il faut principalement attribuer ce qui se passe au sein des sociétés riches où l'aisance et l'indigence se rencontrent dans de plus grandes proportions qu'ailleurs. La classe industrielle, qui fournit aux jouissances du plus grand nombre, .est exposée elle-même à des misères qui seraient presque inconnues, si cette classe n existait pas.

Cependant d'autres causes encore contribuent au développement graduel du paupérisme.

L'homme naît avec des besoins, et il se fait des. besoins. Il tient les premiers de sa constitution physique, les seconds de l'usage et de l'éducation. J'ai montré qu'à l'origine des sociétés les hommes n'avaient guère que des besoins naturels, ne cherchant qu'à vivre ; mais à mesure que les jouissances de la vie sont devenues plus étendues, ils ont contracté l'habitude de se livrer à quelques-unes d'entre elles, et celles-là ont fini par leur devenir presque aussi nécessaires que la vie elle-même. Je citerai l'usage du tabac, parce le tabac est un objet de luxe qui a pénétré jusque dans les déserts et qui a créé parmi les sauvages une jouissance factice, qu'il faut à tout prix se procurer. Le tabac est presque indispensable aux Indiens que la nourriture ; ils sont aussi tentés de recourir à la charité de leurs semblables, quand ils sont privés de l'un, que quand l'autre leur manque. Ils ont donc une cause de mendicité inconnue à leurs pères. Ce que j'ai dit pour le tabac s'applique à une multitude d'objets dont on ne saurait se passer dans la vie civilisée. Plus une société. est riche, industrieuse, prospère, plus les jouissances du plus grand nombre deviennent variées et permanentes ; plus elles sont variées et permanentes, plus elles s'assimilent par l'usage et l'exemple, à de véritables besoins. L'homme civilisé est donc infiniment plus exposé aux vicissitudes de la destinée que l'homme sauvage. Ce qui n'arrive au second que de loin en loin et dans quelques circonstances, peut arriver sans cesse et dans des circonstances très ordinaires au premier. Avec le cercle de ses jouissances, il a agrandi le cercle de ses besoins et il offre une plus large place aux coups de la fortune. De là vient que le pauvre d'Angleterre paraît presque riche au pauvre de France ; celui-ci à l'indigent espagnol. Ce qui manque à l'Anglais n'a jamais été en la possession du Français. Et il en est ainsi à mesure qu'on descend l'échelle sociale. Chez les peuples très civilisés, le manque d'une multitude de choses cause la misère ; dans l' état sauvage, la pauvreté ne consiste qu'à ne pas trouver de quoi manger.

Alexis de Tocqueville

Les progrès de la civilisation n'exposent pas seulement les hommes à beaucoup de misères nouvelles ; ils portent encore la société à soulager des misères auxquelles, dans un État à demi-policé, on ne songerait pas. Dans un pays où la majorité est mal vêtue, mal logée, mal nourrie, qui pense à donner au pauvre un vêtement propre, une nourriture saine, une commode demeure ? Chez les Anglais, où le plus grand nombre, possesseur de tous ces biens, regarde comme un affreux malheur de ne pas en jouir, la société croit devoir venir au secours de ceux qui en sont privés, et guérit les maux qu'elle n'apercevrait même pas ailleurs.

En Angleterre, la moyenne des jouissances que doit espérer un homme dans la vie est placée plus haut que dans un autre pays du monde. Ceci facilite singulièrement l'extension du paupérisme dans ce royaume.

Si toutes ces réflexions sont justes, on concevra sans peine que plus les nations sont riches, plus le nombre de ceux qui ont recours à la charité publique doit se multiplier, puisque deux causes très puissantes tendent à ce résultat : chez ces nations, la classe la plus naturellement exposée aux besoins augmente sans cesse, et d'un autre côté, les besoins s'augmentent et se diversifient eux-mêmes à l'infini ; l'occasion de se trouver exposé à quelques-uns devient plus .fréquente chaque jour.

Ne nous livrons donc point à de dangereuses illusions, fixons sur l'avenir des sociétés modernes un regard calme et tranquille. Ne nous laissons pas enivrer par le spectacle de sa grandeur ; ne nous décourageons pas à la vue de ses misères. A mesure que le mouvement actuel de la civilisation se continuera, on verra croître les jouissances du plus grand nombre ; la société deviendra plus perfectionnée, plus savante ; l'existence sera plus aisée, plus douce, plus ornée, plus longue ; mais en même temps, sachons le prévoir, le nombre de ceux qui auront besoin de recourir à l'appui de leurs semblables pour recueillir une faible part de tous ces biens, le nombre de ceux-là s'accroîtra sans cesse. On pourra ralentir ce double mouvement ; les circonstances particulières dans lesquelles les différents peuples sont placés précipiteront ou suspendront son cours ; mais il n'est donné à personne de l'arrêter. Hâtons-nous donc de chercher les moyens d'atténuer les maux inévitables qu'il est déjà facile de prévoir.

Seconde Partie

Il y a deux espèces de bienfaisances : l'une, qui porte chaque individu à soulager, suivant ses moyens, les maux qui se trouvent à sa portée. Celle-là est aussi vieille que le monde ; elle a commencé avec les misères humaines ; le christianisme en a fait une vertu divine, et l'a appelée la charité.

L'autre, moins instinctive, plus raisonnée, moins enthousiaste, et souvent plus puissante, porte la société elle-même à s'occuper des malheurs de ses membres et à veiller systématiquement au soulagement de leurs douleurs. Celle-ci est née du protestantisme et ne s'est développée que dans les sociétés modernes.

La première est une vertu privée, elle échappe à l'action sociale ; la seconde est au contraire produite et régularisée par la société. C'est donc de celle-là qu'il faut spécialement nous occuper.

Il n'y a pas, au premier abord, d'idée qui paraisse plus belle et plus grande que celle de la charité publique.

La société, jetant un regard continu sur elle-même, sondant chaque jour ses blessures et s'occupant à les guérir ; la société, en même temps qu'elle assure aux riches la jouissance de leurs biens, garantissant les pauvres de l'excès de leur misère, demande aux uns une portion de leur superflu pour accorder aux autres le nécessaire. Il y a certes là un grand spectacle en présence duquel l'esprit s'élève et l'âme ne saurait manquer d'être émue.

Pourquoi faut-il que l'expérience vienne détruire une partie de ces belles illusions ?

Le seul pays de l'Europe qui ait systématisé et appliqué en grand les théories de la charité publique est l'Angleterre.

A l'époque de la révolution religieuse qui changea la face de l'Angleterre, sous Henri VIII, presque toutes les communautés charitables du royaume furent supprimées, et comme les biens de ces communautés

Alexis de Tocqueville

passèrent aux nobles et ne furent point partagés entre les mains du peuple, il s'ensuivit que le nombre de pauvres alors existants resta le même, tandis que les moyens de pourvoir à leurs besoins étaient en partie détruits. Le nombre des pauvres s'accrut donc outre mesure, et Élisabeth, la fille de Henri VIII, frappée de l'aspect repoussant des misères du peuple, songea à substituer aux aumônes que la suppression des couvents avait fort réduites, une subvention annuelle, fournie par les communes.

Une loi promulguée dans la quarante-troisième année du règne de cette princesse dispose que dans chaque paroisse des inspecteurs des pauvres seront nommés ; que ces inspecteurs auront le droit de taxer les habitants à l'effet de nourrir les indigents infirmes, et de fournir du travail aux autres. A mesure que le temps avançait dans sa marche, l'Angleterre était de plus en plus entraînée à adopter le principe de la charité légale. Le paupérisme croissait plus rapidement dans la Grande-Bretagne que partout ailleurs. Des causes générales et d'autres spéciales à ce pays produisaient ce triste résultat. Les Anglais ont devancé les autres nations de l'Europe dans la vie de la civilisation ; toutes les réflexions que j'ai faites précédemment leur sont donc particulièrement applicables, mais il en est d'autres qui ne se rapportent qu'à eux seuls.

La classe industrielle d'Angleterre ne pourvoit pas seulement aux besoins et aux jouissances du peuple anglais, mais d'une grande partie de l'humanité. Son bien-être ou ses misères dépendent donc non seulement de ce qui arrive dans la Grande-Bretagne, mais en quelque façon de tout ce qui se passe sous le soleil. Lorsqu'un habitant des Indes réduit sa dépense et resserre sa consommation, il y a un fabricant anglais qui souffre. L'Angleterre est donc le pays du monde où l'agriculteur est tout à la fois le plus puissamment attiré vers les travaux de l'industrie et s'y trouve le plus exposé aux vicissitudes de la fortune.

Il arrive depuis un siècle, chez les Anglais, un événement qu'on peut considérer comme un phénomène, si l'on fait attention au spectacle offert par le reste du monde. Depuis cent ans, la propriété foncière se divise sans cesse dans les pays connus ; en Angleterre, elle s'agglomère sans cesse. Les terres de moyenne grandeur disparaissent dans les vastes domaines, la grande culture succède à la petite. Il y aurait sur ce sujet à donner des explications qui peut-être ne manqueraient pas de quelque intérêt, mais elles m'écarteraient de mon sujet : le fait me suffit, il est constant. Il en résulte que, tandis que l'agriculteur est sollicité par son intérêt de quitter la charrue et d'entrer dans les manufactures, il est, en quelque façon, poussé malgré lui à le faire par l'agglomération de la propriété foncière. Car, proportion gardée, il faut infiniment moins de travailleurs pour cultiver un grand domaine qu'un petit champ. La terre lui manque et l'industrie l'appelle. Ce double mouvement l'entraîne. Sur vingt-cinq millions d'habitants qui peuplent la Grande-Bretagne, il n'y en a plus que neuf millions qui s'occupent à cultiver le sol ; quatorze ou près des deux tiers suivent les chances périlleuses du commerce et de l'industrie, Le paupérisme a donc dû croître plus vite en Angleterre que dans des pays dont la civilisation eût été égale à celle des Anglais. L'Angleterre, ayant une fois admis le principe de la charité légale, n'a pu s'en départir. Ainsi la législation anglaise des pauvres ne présente-t-elle, depuis deux cents ans, qu'un long développement des lois d'Elizabeth. Près de deux siècles et demi se sont écoulés depuis que le principe de la charité égale a été pleinement admis chez nos voisins, et l'on peut juger maintenant les conséquences fatales qui ont découlé de l'adoption de ce principe. Examinons-les successivement.

Le pauvre, ayant un droit absolu aux secours de la société, et trouvant en tous lieux une administration publique organisée pour les lui fournir, on vit bientôt renaître et se généraliser dans une contrée protestante les abus que la Réforme avait reprochés avec raison à quelques-uns des pays catholiques. L'homme, comme tous les êtres organisés, a une passion naturelle pour l'oisiveté. Il y a pourtant deux motifs qui le portent au travail : le besoin de vivre, le désir d'améliorer les conditions de l'existence. L'expérience a prouvé que la plupart des hommes ne pouvaient être suffisamment excités au travail que par le premier de ces motifs, et que le second n'était puissant que sur un petit nombre. Or un établissement charitable, ouvert indistinctement à tous ceux qui sont dans le besoin, ou une loi qui donne à tous les pauvres, quelle que soit l'origine de la pauvreté, un droit au secours du public, affaiblit ou détruit le premier stimulant et ne laisse intact que le second. Le paysan anglais comme le paysan espagnol, s'il ne se sent pas le vif désir de rendre meilleure la position dans laquelle il est né et de sortir de sa sphère, désir timide et qui avorte aisément chez la plupart des hommes, - le paysan de ces deux contrées, dis-je, n'a point d'intérêt au travail, ou, s'il travaille, il n'a pas d'intérêt à l'épargne ; il reste donc oisif, ou dépense inconsidérément le fruit précieux de ses labeurs. Dans l'un ou l'autre de ces pays, on arrive par des causes différentes à ce même résultat, que c'est la partie la plus généreuse, la plus active, la plus industrieuse de la nation, qui consacre ses secours à fournir de quoi vivre à ceux qui ne font rien ou font un mauvais usage de leur travail.

Nous voilà certes bien loin de la belle et séduisante théorie que j'exposais plus haut. Est-il possible d'échapper à ces conséquences funestes d'un bon principe ? Pour moi, j'avoue que je les considère comme inévitables.

Ici l'on m'arrête en disant : vous supposez que, quelle que soit la cause de la misère, la misère sera secourue ; vous ajoutez que les secours du public soustrairont les pauvres à l'obligation de travail ; c'est poser en fait ce qui reste douteux. Qui empêche la société, avant d'accorder le secours, de s'enquérir des causes du besoin ? Pourquoi la condition du travail ne serait pas imposée à l'indigent valide qui s'adresse à la pitié du public ? Je réponds que les lois anglaises ont conçu l'idée de ces palliatifs ; mais elles ont échoué, et cela se comprend sans peine.

Il n'y a rien de si difficile à distinguer que les nuances qui sépare un malheur immérité d'une infortune que le vice a produite. Combien de misères sont à la fois le résultat de ces deux causes ! Quelle connaissance approfondie du caractère de chaque homme et des circonstances dans lesquelles il a vécu suppose le jugement d'un pareil point ; que de lumières, quel discernement sûr, quelle raison froide et inexorable ! Ou trouver le magistrat qui aura la conscience, le temps, le talent, les moyens de se livrer à un pareil examen ? Qui osera laisser mourir de faim le pauvre parce .que celui-ci meurt par sa faute ? Qui entendra ses cris et raisonnera sur ses vices ? A l'aspect des misères de nos semblables, l'intérêt personnel lui-même se tait ; l'intérêt du trésor public en serait-il plus puissant ? Et si l'âme du surveillant des pauvres demeurait inaccessible à ces émotions, toujours belles, lors même qu'elles égarent, restera-t-elle fermée à la crainte ? Tenant entre ses mains les douleurs ou les joies, la vie ou la mort d'une portion considérable de ses semblables, de la portion la plus désordonnée, la plus turbulente, la plus grossière, ne reculera-t-il pas devant l'exercice de ce terrible pouvoir ? Et si l'on rencontre l'un de ces hommes intrépides, en trouvera-t-on plusieurs ? Cependant de pareilles fonctions ne peuvent être exercées que sur un petit territoire ; il faut donc en revêtir un grand nombre de citoyens. Les Anglais ont été obligés de placer des surveillants des pauvres dans chaque commune. Qu'arrive-t-il donc infailliblement de tout ceci ? La misère étant constatée, les causes de la misère restent incertaines : l'une résulte d'un fait patent, l'autre prouvée par un raisonnement toujours contestable ; le secours ne pouvant faire qu'un tort éloigné à la société, le refus du secours un mal instantané aux pauvres et au surveillant lui-même, le choix de ce dernier ne sera pas douteux. Les lois auront déclaré que la misère innocente sera seule secourue, la pratique viendra au secours de toutes les misères. Je ferai des raisonnements analogues et également appuyés sur l'expérience quant au second point.

On veut que l'aumône soit le prix du travail. Mais d'abord existe-t-il toujours des travaux publics à faire ? Sont-ils également répartis sur toute la surface du pays, de manière qu'on ne voie jamais dans un district beaucoup de travaux à exécuter et peu de personnes à pourvoir ; dans un autre, beaucoup d'indigents à secourir et peu de travaux à exécuter ? Si cette difficulté se présente à toutes les époques, ne devient-elle pas insurmontable lorsque, par suite du développement progressif de la civilisation, des progrès de la population, de l'effet de la loi des pauvres elle-même, le nombre des indigents atteint comme en Angleterre le sixième, d'autres disent le quart de la population totale ?

Mais en supposant même qu'il se rencontrât toujours des travaux à exécuter, qui se chargera d'en constater l'urgence, d'en suivre l'exécution, d'en fixer le prix ? Le surveillant, cet homme, indépendamment des qualités d'un grand magistrat, aura donc les talents, l'activité, les connaissances spéciales d'un bon entrepreneur d'industrie ; il trouvera dans le sentiment du devoir ce que l'intérêt personnel lui-même serait peut-être impuissant à créer : le courage de contraindre à des efforts productifs et continus la portion la plus inactive et la plus vicieuse de la population. Serait-il sage de s'en flatter ? Est-il raisonnable de le croire ? Sollicité par les besoins du pauvre, le surveillant imposera un travail fictif, ou même, comme cela se pratique presque toujours en Angleterre, donnera le salaire sans exiger le travail. Il faut que les lois soient faites pour les hommes et non en vue d'une perfection idéale que la nature humaine ne comporte pas, ou dont elle ne présente que de loin en loin des modèles.

Toute mesure qui fonde la charité légale sur une base permanente et qui lui donne une forme administrative crée donc une classe oisive et paresseuse, vivant aux dépens de la classe industrielle et travaillante. C'est là, sinon son résultat immédiat, du moins sa conséquence inévitable. Elle reproduit tous les vices du système monacal, moins les hautes idées de moralité et de religion qui souvent venaient s'y joindre. Une pareille loi est un germe empoisonné, déposé au sein de la législation ; les circonstances, comme en Amérique, peuvent empêcher le germe de prendre des développements rapides, mais non le détruire, et si la génération actuelle échappe à son influence, il dévorera le bien-être des générations à venir.

Si vous étudiez de près l'état des populations chez lesquelles une pareille législation est depuis longtemps en vigueur, vous découvrirez sans peine que les effets n'agissent pas d'une manière moins fâcheuse sur la moralité que sur la prospérité publique, et qu'elle déprave les hommes plus encore qu'elle ne les appauvrit.

Il n'y a rien qui, en général, élève et soutient plus haut l'esprit humain que l'idée des droits. On trouve dans l'idée du droit quelque chose de grand et de viril qui ôte à la demande son caractère suppliant, et place celui qui réclame sur le même niveau que celui qui accorde. Mais le droit qu'a le pauvre d'obtenir les secours de la société a cela de particulier, qu'au lieu d'élever le cœur de l'homme qui l'exerce, il l'abaisse. Dans les pays où la législation n'ouvre pas un pareil recours, le pauvre, en s'adressant à la charité individuelle, reconnaît, il est vrai, son état d'infériorité par rapport au reste de ses semblables ; mais il le reconnaît en secret et pour un temps ; du moment où un indigent est inscrit sur la liste des pauvres de sa paroisse, il peut, sans doute, réclamer avec assurance des secours ; mais qu'est-ce que l'obtention de ce droit, sinon la manifestation authentique de la misère, de la faiblesse, de l'inconduite de celui qui en est revêtu ? Les droits ordinaires sont conférés aux hommes en raison de quelque avantage personnel acquis par eux sur leurs semblables. Celui-ci est accordé en raison d'une infériorité reconnue. Les premiers mettent cet avantage en relief et le constatent ; le second place en lumière cette infériorité et la légalise.

Plus les uns sont grands et assurés, plus ils honorent ; plus l'autre est permanent et *étendu,* plus il dégrade.

Le pauvre qui réclame l'aumône au nom de la loi est donc dans une position plus humiliante encore que l'indigent qui la demande à la pitié de ses semblables au nom de celui qui voit d'un même oeil et qui soumet à d'égales lois le pauvre et le riche.

Mais ce n'est pas tout encore : l'aumône individuelle établit des liens précieux entre le riche et le pauvre. Le premier s'intéresse par le bienfait même au sort de celui dont il a entrepris de soulager la misère ; le second, soutenu par des secours qu'il n'avait pas droit d'exiger et que peut-être il n'espérait pas obtenir, se sent attiré par la reconnaissance. Un lien moral s'établit entre ces deux classes que tant d'intérêts et de passions concourent à séparer, et, divisées par la fortune leur volonté les rapproche ; il n'en est point ainsi dans la charité légale. Celle-ci laisse subsister l'aumône, mais elle lui ôte sa moralité. Le riche, que la loi dépouille d'une partie de son superflu sans le consulter, ne voit dans le pauvre qu'un avide étranger appelé par le législateur ,au partage de ses biens. Le pauvre, de son côté, ne sent aucune gratitude pour un bienfait qu'on ne peut lui refuser et qui ne saurait d'ailleurs le satisfaire ; car l'aumône publique, qui assure la vie, ne la rend pas plus heureuse et plus aisée que ne le ferait l'aumône individuelle ; la charité légale n'empêche donc point qu'il n'y ait dans la société des pauvres et des riches, que les uns ne jettent autour d'eux des regards pleins de haine et de crainte, que les autres ne songent à leurs maux avec désespoir et avec envie. Loin de tendre à unir dans un même peuple ces deux nations rivales qui existent depuis le commencement du monde et qu'on appelle les riches et les pauvres, elle brise le seul lien qui pouvait s'établir entre elles, elle les range chacune sous sa bannière ; elle les compte et, les mettant en présence, elle les dispose au combat.

J'ai dit que le résultat inévitable de la charité légale était de maintenir dans l'oisiveté le plus grand nombre des pauvres et d'entretenir leurs loisirs aux dépens de ceux qui travaillent.

Alexis de Tocqueville

Si l'oisiveté dans la richesse, l'oisiveté héréditaire, achetée par des services ou des travaux, l'oisiveté entourée de la considération publique, accompagnée du contentement d'esprit, intéressée par les plaisirs de l'intelligence, moralisée par l'exercice de la pensée : si cette oisiveté, dis-je, a été la mère de tant de vices, que sera-ce d'une oisiveté dégradée acquise par la lâcheté, méritée par l'inconduite, dont on jouit au milieu de l'ignominie et qui ne devient supportable qu'à mesure que l'âme de celui qui la souffre achève de se corrompre et de se dégrader ?

Qu'espérer d'un homme dont la position ne peut s'améliorer, car il a perdu la considération de ses semblables, qui est la condition première de tous les progrès ; dont la fortune ne saura devenir pire, car s'étant réduit à la satisfaction des plus pressants besoins, il est assuré qu'ils seront toujours satisfaits ? Quelle action reste-t-il à la conscience et à l'activité humaines dans un être ainsi borné de toutes parts, qui vit sans espoir et sans crainte parce qu'il connaît l'avenir, comme fait l'animal, parce qu'il ignore les circonstances de la destinée ; concentré ainsi que lui dans le présent et dans ce que le présent peut offrir de jouissances ignobles et passagères à une nature abrutie ?

Lisez tous les livres écrits en Angleterre sur le paupérisme ; étudiez les enquêtes ordonnées par le Parlement britannique ; parcourez les discussions qui ont eu lieu à la Chambre les Lords et à celle des communes sur cette difficile question ; une seule plainte retentira à vos oreilles : on déplore l'état de dégradation où sont tombées les classes inférieures de ce grand peuple ! le nombre des enfants naturels augmente sans cesse, celui des criminels s'accroît rapidement ; la population indigente se développe outre mesure ; l'esprit de prévoyance et d'épargne se montre de plus en plus étranger au pauvre ; tandis que dans le reste de la nation les lumières se répandent, les mœurs s'adoucissent, les goûts deviennent plus délicats, les habitudes plus polies, - lui, reste immobile, ou plutôt il rétrograde ; on dirait qu'il recule vers la barbarie, et, placé au milieu des merveilles de la civilisation, il semble se rapprocher par ses idées et par ses penchants de l'homme sauvage.

La charité légale n'exerce pas une moins funeste influence sur la liberté du pauvre que sur sa moralité. Ceci se démontre aisément : du moment où l'on fait aux communes un devoir strict de secourir les indigents, il s'ensuit immédiatement et forcément cette conséquence que les communes ne doivent des secours qu'aux pauvres qui sont domiciliés sur leur territoire ; c'est le seul moyen équitable d'égaliser la charge publique qui résulte de la loi, et de la proportionner aux moyens de ceux qui doivent la supporter. Or, comme dans un pays où la charité publique est organisée, la charité individuelle est à peu près inconnue, il en résulte que celui que des malheurs ou des vices rendent incapable de gagner sa vie est condamné, sous peine de mort, à ne pas quitter le lieu où il est né. S'il s'en éloigne, il ne marche qu'en pays ennemi ; l'intérêt individuel des communes, bien autrement puissant et bien plus actif que ne saurait l'être la police nationale la mieux organisée, dénonce son arrivée, épie ses démarches, et s'il veut se fixer dans un nouveau séjour, le désigne à la force publique qui le ramène au lieu du départ. Par leur législation sur les pauvres, les Anglais ont *immobilisé* un sixième de leur population. Ils l'ont attaché à la terre comme l'étaient les paysans du Moyen Age. La glèbe *forçait* l'homme à rester *malgré sa volonté* dans le lieu de sa naissance ; la charité légale *l'empêche de vouloir* s'en éloigner. Je ne vois que cette différence entre les jeux systèmes. Les Anglais ont été plus loin, et ils ont tiré du principe de la bienfaisance publique des conséquences plus funestes encore et auxquelles je pense qu'il est permis d'échapper. Les communes anglaises sont tellement préoccupées de la crainte qu'un indigent ne vienne tomber à leur charge et n'obtienne un domicile dans leur sein, que quand un étranger dont l'extérieur n'annonce pas l'opulence s'établit momentanément au milieu d'elles, ou lorsqu'un malheur inattendu vient à le frapper, l'autorité municipale se hâte de lui faire demander caution contre la misère à venir, et si l'étranger ne peut fournir cette caution, il faut qu'il s'éloigne.

Ainsi la charité légale n'a pas seulement ravi la liberté locomotrice aux pauvres d'Angleterre, mais à tous ceux que la pauvreté menace.

Je ne saurais, je pense, mieux compléter ce triste tableau qu'en transcrivant ici le morceau suivant et que je trouve dans mes notes sur l'Angleterre.

Je parcourais en 1833 la Grande-Bretagne. D'autres étaient frappés de la prospérité intérieure du pays : moi, je songeais à l'inquiétude secrète qui travaillait visiblement l'esprit de tous ses habitants. Je pensais que

Alexis de Tocqueville

de grandes misères devaient se cacher sous ce manteau brillant que l'Europe admire. Cette idée me porta à examiner avec une attention toute particulière le paupérisme, cette plaie hideuse et immense qui est attachée à un corps plein de vigueur et de santé.

J'habitais alors la maison d'un grand propriétaire du sud de l'Angleterre ; c'était le temps où les juges de paix se réunissent pour prononcer sur les réclamations que font entendre les pauvres contre leurs communes, ou les communes contre les pauvres. Mon hôte était juge de paix, et je le suivais régulièrement au tribunal. Je trouve dans mes notes de voyage cette peinture de la première audience à laquelle j'assistai ; elle résume en quelques mots et met en relief tout ce qui précède. Je transcris avec une extrême exactitude afin de laisser au tableau le simple cachet de la vérité.

«Le premier individu qui se présente devant les juges de paix est un vieillard ; sa figure est fraîche et vermeille, il est coiffé d'une perruque et couvert d'un excellent habit noir, il a tout l'air d'un rentier, il s'approche pourtant de la barre et réclame avec emportement contre l'injustice des administrateurs de sa commune. Cet homme est un pauvre, et l'on vient de diminuer injustement la part qu'il recevait dans la charité publique. On remet la cause pour entendre les administrateurs de la commune.

«Après ce frais et pétulant vieillard paraît ne jeune femme enceinte, dont les vêtements annoncent une pauvreté récente et qui porte sur ses traits flétris l'empreinte des douleurs. Elle expose que son mari est parti, il y a quelques jours pour un voyage de mer, que depuis lors elle n'a reçu de lui ni nouvelles ni secours, elle réclame l'aumône publique, mais l'administrateur des pauvres hésite à la lui accorder. Le beau-père de cette femme est un marchand aisé, il habite la ville même où le tribunal tient ses séances, et on espère aussi qu'il voudra bien, dans l'absence de son fils, se charger de l'entretien de sa belle-fille ; les juges de paix font venir cet homme ; mais il refuse de remplir les devoirs que la nature lui impose et que la loi ne lui commande pas. Les magistrats insistent ; ils cherchent à faire naître le remords ou la compassion dans l'âme égoïste de cet homme, leurs efforts échouent, et la commune est condamnée à payer le secours qu'on réclame.

«Après cette pauvre femme abandonnée, viennent cinq ou six hommes grands et vigoureux. Ils sont dans la force de la jeunesse, leur démarche est ferme et presque insultante. Ils se plaignent des administrateurs de leurs villages qui refusent de leur donner du travail, ou, à défaut de travail, un secours.

«Les administrateurs répliquent que la commune n'a en ce moment aucuns travaux à exécuter ; et quant au secours gratuit, il n'est pas dû, disent-ils, parce que les demandeurs trouveraient facilement un emploi de leur industrie chez les particuliers s'ils le voulaient.»

Lord x [1], avec lequel j'étais venu, me dit : «Vous venez de voir dans un cadre étroit une partie des nombreux abus que produit la loi des pauvres. Ce vieillard, qui s'est présenté le premier, a très probablement de quoi vivre, mais il pense qu'il a le droit d'exiger qu'on l'entretienne dans l'aisance, et il ne rougit pas de réclamer la charité publique, qui a perdu aux yeux du peuple son caractère pénible et humiliant. Cette jeune femme, qui paraît honnête et malheureuse, serait certainement secourue par son beau-père si la loi des pauvres n'existait pas, mais l'intérêt fait taire chez ce dernier le cri de la honte, et il se décharge sur le public d'une dette qu'il devrait seul acquitter. Quant à ces jeunes gens qui se sont présentés les derniers, je les connais, ils habitent mon village : ce sont de très dangereux citoyens, et de fait, mauvais sujets ; ils dissipent en peu d'instants dans les cabarets l'argent qu'il gagnent parce qu'ils savent que l'État viendra à leur secours ; ainsi, vous voyez qu'à la première gêne, causée par leur faute, ils s'adressent à nous.»

«L'audience continua. Une jeune femme se présente à la barre, le surveillant des pauvres de sa commune la suit, un enfant l'accompagne ; elle s'approche sans donner le moindre signe d'hésitation, la pudeur ne fait pas même incliner son regard. Le surveillant l'accuse d'avoir eu en commerce illégitime l'enfant qu'elle porte dans ses bras.

«Elle en convient sans peine. Comme elle est indigente, et que l'enfant naturel, si le père restait inconnu, tomberait, avec sa mère, à la charge de la commune, le surveillant la somme de nommer le père ; le tribunal lui fait prêter serment. Elle désigne un paysan du voisinage. Celui-ci, qui

---

1 Il s'agit ici de Lord Radnor.

Alexis de Tocqueville

est présent à l'audience, reconnaît très complaisamment l'exactitude du fait, et les juges de paix le condamnent à entretenir l'enfant. Le père, la mère se retirent sans que cet incident soulève la moindre émotion dans l'assemblée accoutumée à de semblables spectacles.

«Après cette jeune femme s'en présente une autre. Celle-ci vient volontairement ; elle aborde les magistrats avec la même insouciance effrontée qu'a montrée la première.

Elle se déclare enceinte et nomme le père de l'enfant qui doit naître ; cet homme est absent. Le tribunal remet à un autre jour pour le faire citer.»

Lord x me dit : «Voici encore de funestes effets produits par les mêmes lois. La conséquence la plus directe de la législation sur les pauvres est de mettre à la charge du public l'entretien des enfants abandonnés qui sont les plus nécessiteux de tous les indigents. De là est né le désir de décharger les communes de l'entretien des enfants naturels que leurs parents seraient en état de nourrir. De là aussi cette recherche de la paternité provoquée par les communes et dont la preuve est délaissée à la femme. Car quel autre genre de preuve peut-on se flatter d'obtenir en pareille matière ? En obligeant les communes à se charger des enfants naturels et en leur permettant de rechercher la paternité, afin d'alléger ce poids accablant, nous avons facilité autant qu'il était en nous l'in-conduite des femmes dans les basses classes. La grossesse illégitime doit presque toujours améliorer leur situation matérielle. Si le père de l'enfant est riche, elles peuvent se décharger sur lui du soin d'élever le fruit de leurs communes erreurs ; s'il est pauvre, elles confient ce soin à la société : les secours qu'on leur accorde de part ou d'autre dépassent presque toujours les dépenses du nouveau-né. Elles s'enrichissent donc par leurs vices mêmes, et il arrive souvent que la fille qui a été plusieurs fois mère fait un mariage plus avantageux que la jeune vierge qui n'a que ses vertus à offrir. La première a trouvé une sorte de dot dans son infamie.»

Je répète que je n'ai rien voulu changer à ce passage de mon journal ; je l'ai reproduit dans les mêmes termes, parce qu'il m'a semblé qu'il ren-dait avec simplicité et vérité les impressions que je voudrais faire partager au lecteur.

Depuis mon voyage en Angleterre, la loi des pauvres a été modifiée. Beaucoup d'Anglais se flattent que ces changements exerceront une grande influence sur le sort des indigents, sur leur moralité, sur leur nombre. Je voudrais pouvoir partager ces espérances, mais je ne saurais le faire. Les Anglais de nos jours ont consacré de nouveau dans la nouvelle loi le principe admis il y a deux cent cinquante ans par Élisabeth. Comme cette princesse, ils ont imposé à la société l'obligation de nourrir le pauvre. C'en est assez ; tous les abus que j'ai essayé de décrire sont renfermés dans le premier principe comme le plus grand chêne dans le gland qu'un enfant peut cacher dans sa main. Il ne lui faut que du temps pour se développer et pour croître. Vouloir établir une loi qui vienne d'une manière régulière, permanente, uniforme au secours des indigents, sans que le nombre des indigents augmente, sans que leur paresse croisse avec leurs besoins, leur oisiveté avec leurs vices, c'est planter le gland et s'étonner qu'il en paraisse une tige, puis des feuilles, plus tard des fleurs, enfin des fruits qui, se répandant au loin, feront sortir un jour une verte forêt des entrailles de la terre.

Je suis certes bien loin de vouloir faire ici le procès à la bienfaisance qui est tout à la fois la plus naturelle, la plus belle et la plus sainte des vertus. Mais je pense qu'il n'est pas de principe si bon dont on puisse admettre comme bonnes toutes les conséquences. Je crois que la bienfaisance doit être une vertu mâle et raisonnée, non un goût faible et irréfléchi ; qu'il ne faut pas faire le bien qui plaît le plus à celui qui donne, mais le plus véritablement utile à celui qui reçoit ; non pas celui qui soulage le plus complètement les misères de quelques-uns, mais celui qui sert au bien-être du plus grand nombre. Je ne saurais calculer la bienfaisance que de cette manière ; comprise dans un autre sens, elle est encore un instinct sublime, mais elle ne mérite plus à mes yeux le nom de vertu.

Je reconnais que la charité individuelle produit presque toujours des effets utiles. Elle s'attache aux misères les plus grandes, elle marche sans bruit derrière la mauvaise fortune, et répare à l'improviste et en silence les maux que celle-ci a faits. Elle se montre partout où il y a les malheureux à secourir ; elle croît avec leurs souffrances, et cependant on ne peut sans imprudence compter sur elle, car mille accidents pourront retarder ou arrêter sa marche ; on ne sait où la rencontrer, et elle n'est point avertie par le cri de toutes les douleurs.

J'admets que l'association des personnes charitables, en régularisant les secours, pourrait donner à la bienfaisance individuelle plus d'activité et plus de puissance ; je reconnais non seulement l'utilité, mais la nécessité d'une charité publique appliquée à des maux inévitables, tels que la faiblesse de l'enfance, la caducité de la vieillesse, la maladie, la folie ; j'admets encore son utilité momentanée dans des temps de calamités publiques qui de loin en loin échappent des mains de Dieu, et viennent annoncer aux nations sa colère. L'aumône de l'État est alors aussi instantanée, aussi imprévue, aussi passagère que le mal lui-même.

J'entends encore la charité publique ouvrant es écoles aux enfants des pauvres et fournissant gratuitement à l'intelligence les moyens d'acquérir par le travailles biens du corps.

Mais je suis profondément convaincu que tout système régulier, permanent, administratif, dont le but sera de pourvoir aux besoins du pauvre, fera naître plus de misères qu'il n'en peut guérir, dépravera la population qu'il veut secourir et consoler, réduira avec le temps les riches à n'être que les fermiers des pauvres, tarira les sources de l'épargne, arrêtera l'accumulation des capitaux, comprimera l'essor du commerce, engourdira l'activité et l'industrie humaines et finira par amener une révolution violente dans l'État, lorsque le nombre de ceux qui reçoivent l'aumône sera devenu presque aussi grand que le nombre de ceux qui la donnent, et que l'indigent ne pouvant plus tirer des riches appauvris de quoi pourvoir à ses besoins trouvera plus facile de les dépouiller tout à coup de leurs biens que de demander leurs secours.

Résumons en peu de mots tout ce qui précède.

La marche progressive de la civilisation moderne augmente graduellement, et dans une proportion plus ou moins rapide, le nombre de ceux qui sont portés à recourir à la charité.

Quel remède apporter à de pareils maux ?

L'aumône légale se présente d'abord à l'esprit, l'aumône légale sous toutes ses formes, tantôt gratuite, tantôt cachée sous la forme d'un salaire, tantôt accidentelle et passagère dans certains temps, tantôt régulière et permanente dans d'autres. Mais un examen approfondi ne tarde pas à démontrer que ce remède, qui semble tout à la fois si naturel et si efficace, est d'un emploi très dangereux ; qu'il n'apporte qu'un soulagement trompeur et momentané aux douleurs individuelles, et qu'il envenime les plaies de la société, quelle que soit la manière dont on l'emploie.

Reste donc la charité particulière ; celle-là ne saurait produire que des effets utiles. Sa faiblesse même garantit contre ses dangers ; elle soulage beaucoup de misères et n'en fait point naître. Mais en présence du développement progressif des classes industrielles et de tous les maux que la civilisation mélange aux biens inestimables qu'elle produit, la charité individuelle paraît bien faible. Suffisante au Moyen Age, quand l'ardeur religieuse lui donnait une immense énergie, et lorsque sa tâche était moins difficile à remplir, le deviendrait-elle de nos jours où le fardeau qu'elle doit supporter est lourd, et où ses forces sont affaiblies ? La charité individuelle est un agent puissant que la société ne doit point mépriser, mais auquel il serait imprudent de se confier : elle est un des moyens et ne saurait être le seul.

Que reste-t-il donc à faire ? De quel côté tourner ses regards ? Comment adoucir les maux qu'on a la faculté de prévoir, mais non de guérir ?

Jusqu'ici j'ai examiné les moyens lucratifs de la misère. Mais n'existe-t-il que cet ordre de moyens ? Après avoir songé à soulager les maux, ne serait-il pas utile de chercher à les prévenir ? Ne saurait -on empêcher le déplacement rapide de la population, de telle sorte que les hommes ne quittent la terre et ne passent à l'industrie qu'autant que cette dernière peut facilement répondre à leurs besoins ? La somme des richesses nationales ne peut-elle continuer à augmenter sans qu'une partie de ceux qui produisent ces richesses aient à maudire la prospérité qu'ils font naître ? Est-il impossible d'établir un rapport plus fixe et plus régulier entre la production et la consommation des matières manufacturées : Ne peut-on pas faciliter aux classes ouvrières l'accumulation de l'épargne qui, dans des temps de calamité industrielle, leur permette d'attendre sans mourir le retour de la fortune ?

Alexis de Tocqueville

Ici l'horizon s'étend de toutes parts devant moi. Mon sujet s'agrandit ; je vois une carrière qui s'ouvre, mais je ne puis dans ce moment la parcourir. Le présent mémoire, trop court pour ce que j'avais à traiter excède déjà cependant les bornes que j'avais cru devoir me prescrire. Les mesures à l'aide desquelles on peut espérer de combattre d'une manière préventive le paupérisme feront l'objet d'un second ouvrage dont je compte faire hommage l'année prochaine à la société académique de Cherbourg.

Fin du texte

Second Mémoire sur le Paupérisme[1]

Mémoire écrit en 1837 au moment où l'auteur allait se présenter, pour la première fois, aux législatives dans la circonscription de Valognes. Mémoire inachevé et non publié.

J'ai essayé de montrer dans un précédent article que, de nos jours, la charité privée et la charité publique étaient impuissantes à guérir les misères des classes pauvres ; il me reste à rechercher les moyens dont on pourrait se servir pour prévenir que ces misères ne naissent.

Un pareil sujet est presque sans limites naturelles et je sens le besoin de me poser moi-même des bornes qu'il ne m'indique point.

Parmi ceux que leur position place sur les limites du besoin et auxquels le sujet de ces article se rapporte, il convient d'établir deux grandes catégories: d'un côté se trouvent les pauvres qui appartiennent aux classes agricoles ; de l'autre les pauvres qui dépendent des classes industrielles. Ces deux faces de mon sujet doivent être conduites à part et examinées en détail autant du moins que les limites du présent travail le permettent.

Je ne ferai que toucher à ce qui a rapport aux classes agricoles, parce que les grand menaces de l'avenir ne viennent pas de là. En France les substitutions sont abolies et l'égalité des partages a pénétré dans les mœurs en même temps qu'elle s'est établie dans les lois. Il est donc certain qu'en France la propriété foncière ne se trouvera jamais agglomérée en quelques mains, ainsi que cela se voit encore dans une partie de l'Europe.

---

1 Ce second mémoire a été écrit par Tocqueville, en 1837, au moment où il allait se présenter, pour la première fois aux élections législatives dans la circonscription de Valognes. Tocqueville n'acheva pas ce mémoire qui ne fut pas présenté à la société académique ni publié. Il est cependant remarquable par les rémèdes envisagés par Tocqueville : création d'une banque des pauvres, participation, encouragement à la création de sociétés ouvrières de production (nos SCOPS). La première candidature de Tocqueville se solda par un échec ; il fut élu deux ans plus tard et devait rester député de Valognes jusqu'au coup d'Etat de 1851.

Alexis de Tocqueville

Or la division de la terre qui peut nuire, pendant un temps du moins, aux progrès de agriculture en empêchant l'agglomération des capitaux dans les mains des propriétaires qui auraient le désir d'innover, produit cet immense bien qu'elle prévient le développement du paupérisme dans les classes agricoles. Lorsque le paysan ne possède aucune partie du sol comme chez les Anglais, les caprices ou l'avidité des maîtres peuvent lui infliger tout à coup d'affreuses misères. Cela se comprend sans peine. Le même nombre d'hommes n'est point nécessaire à tous les genres de culture, ni demandé par toutes les méthodes de culture.

Lorsque vous convertissez par exemple des champs de blé en pâturage, un berger peut aisément remplacer cent laboureurs. Quand, *au* lieu de vingt petites fermes vous en faites une grande, cent hommes pourront suffire à cultiver les mêmes champs qui réclamaient quatre cent bras. Au point de vue de l'art, il y peut-être eu progrès à convertir les champs de blé en prairies, et les petites fermes en grands domaines, mais le paysan aux dépens de qui de pareilles expériences sont faites ne peut manquer d'en souffrir. J'ai entendu dire à un riche propriétaire écossais qu'un changement dans la manière d'administrer ses terres et de les cultiver avait forcé trois mille paysans à quitter leurs demeures et à aller chercher fortune ailleurs. La population agricole de ce canton de l'Écosse s'est donc trouvée tout a coup exposée aux mêmes misères qui frappent sans cesse les populations industrielles quand de nouvelles machines viennent à se découvrir.

Des événements semblables, qui font naître le paupérisme dans les classes agricoles, l'accroissent en outre démesurément dans les classes industrielles. Les hommes qui sont ainsi arrachés violemment à la culture de la terre cherchent un refuge dans les ateliers et les manufactures. La classe industrielle ne s'accroît donc pas seulement d'une manière naturelle et fragmentaire suivant les besoins de l'industrie, mais tout à coup et par un procédé artificiel suivant les misères des classes agricoles, ce qui ne tarde pas à produire un trop-plein et à détruire la balance qui doit toujours exister entre la consommation et la production.

L'agglomération de la propriété foncière dans un petit nombre de mains n'a pas seulement pour résultat accidentel d'attirer la misère sur une portion de la classe agricole, elle suggère à un grand nombre d'agriculteurs des idées et des habitudes qui doivent nécessairement et à la longue les rendre misérables.

Que voyons-nous chaque jour nous-mêmes sous nos yeux ? Quels sont parmi les membres des classes inférieures ceux qui se livrent le plus volontiers à tous les excès de l'intempérance et qui aiment à vivre comme si chaque jour n'avait pas de lendemain ? Lesquels montrent en toute chose le plus d'imprévoyance ? Qui contracte ces mariages précoces et imprudents qui semblent n'avoir pour objet que de multiplier le nombre des malheureux sur la terre ?

La réponse est facile. Ce sont les prolétaires, ceux qui n'ont sous le soleil d'autres propriétés que celle de leurs bras. A mesure que ces mêmes hommes viennent à posséder une portion quelconque du sol, quelque petite qu'elle soit, n'apercevez-vous pas que leurs idées se modifient et que leurs habitudes changent ? N'est-il pas visible qu'avec la propriété foncière la pensée de l'avenir leur arrive ? Ils deviennent prévoyants du moment qu'ils sentent avoir quelque chose de précieux à perdre. Dès qu'ils se croient les moyens de se mettre eux et leurs enfants hors des atteintes de la misère, ils prennent des mesures énergiques pour lui échapper et ils cherchent par des privations momentanées à s'assurer un bien-être durable. Ces gens-là ne sont pas encore des riches, mais ils ont déjà les qualités qui font naître la richesse. Franklin avait coutume de dire qu'avec de l'ordre, de l'activité et de l'économie, le chemin de la fortune était aussi aisé que celui du marché. Il avait raison.

Ainsi donc ce n'est pas la pauvreté qui rend l'agriculteur imprévoyant et désordonné ; car avec un très petit champ, il peut encore être fort pauvre. C'est l'absence entière de toute propriété, c'est la dépendance absolue du hasard.

J'ajoute que parmi les moyens de donner aux hommes le sentiment de l'ordre, l'activité et l'économie, je n'en connais pas de plus puissant que de leur faciliter les abords de la propriété foncière.

Je citerai encore ici l'exemple des Anglais. Les paysans en Angleterre sont peut-être à tout prendre plus éclairés et ils ne se montrent pas moins industrieux que parmi nous. Pourquoi vivent-ils en général dans

Alexis de Tocqueville

cette insouciance brutale du lendemain dont nous n'avons pas même l'idée ? D'où vient dans un peuple froid ce goût désordonné pour l'intempérance ? Il est facile de le dire: en Angleterre, les lois et les habitudes se sont combinées de manière à ce qu'aucune portion du sol ne tombât jamais dans la possession du pauvre. Son bien-être et même son existence ne dépendent donc jamais de lui-même, mais de la volonté des riches sur laquelle il ne peut rien et qui à leur gré lui refusent ou lui accordent le travail. N'ayant aucune influence directe et permanente sur son propre avenir, il cesse de s'en occuper et oublie volontiers qu'il existe.

Le moyen le plus efficace de prévenir le paupérisme parmi les classes agricoles est donc assurément la division de la propriété foncière. Cette division existe parmi nous en France, on n'a donc point à craindre qu'il ne s'établisse jamais dans leur sein de grandes et permanentes misères. Mais on peut encore beaucoup accroître l'aisance de ces classes et y rendre les maux individuels moins cruels et plus rares. Le devoir du gouvernement et de tous les gens de bien est d'y travailler.

Il est hors de mon présent sujet d'en rechercher les moyens.

Si en France la classe agricole n'est point aussi exposée qu'ailleurs à des revers inévitables, la classe industrielle ne l'est guère moins. Le remède que nous avons opposé avec succès aux misères de l'agriculteur ne l'a point été et il reste douteux qu'il puisse l'être, aux maux de l'ouvrier.

On n'a point encore découvert le moyen de diviser sans la rendre improductive la propriété industrielle comme la propriété foncière ; l'industrie a conservé la forme aristocratique chez les nations modernes, alors que de toutes parts on voyait disparaître les institutions et les mœurs que l'aristocratie avait fait naître.

L'expérience, jusqu'à présent,. a fait voir que pour se livrer avec quelque espérance de succès à la plupart des entreprises commerciales, il fallait de grands capitaux concentrés dans un petit nombre de mains. On rencontre donc quelques individus qui possèdent de grandes richesses et qui font travailler pour leur compte une multitude d'ouvriers qui ne possède rien. Tel est le spectacle que présente de nos jours l'industrie française. C'est exactement ce qui se passait chez nous au Moyen Age et qu'on voit encore arriver dans une grande partie de l'Europe pour l'industrie agricole.

Les résultats sont analogues. L'ouvrier de nos jours comme l'agriculteur de ces temps-là, n'ayant nulle propriété qui lui soit personnelle, ne voyant pas de moyens d'assurer par lui-même la tranquillité de son avenir et de s'élever graduellement vers la richesse, devient indifférent à tout ce qui n'est pas la jouissance présente. Son insouciance le livre alors sans défense à toutes les chances de la misère. Mais il existe cette grande et capitale différence entre le prolétaire agriculteur et le prolétaire industriel que le second, indépendamment des misères habituelles auxquelles son imprévoyance peut le livrer est encore exposé sans cesse à des maux accidentels qu'il n'a pu prévoir et qui ne menacent point l'autre. Et ses chances sont infiniment plus grandes dans l'industrie proprement dite que dans l'agriculture parce que l'industrie, ainsi que nous l'expliquerons plus bas, est sujette à des crises subites que l'agriculture n'a jamais connues.

Ces maux imprévus naissent pour lui des crises commerciales.

On peut en définitive attribuer toutes les crises commerciales à deux causes :

- lorsque le nombre des ouvriers augmente sans que le chiffre de la production varie, les salaires diminuent et il y a crise ;
- lorsque le nombre des ouvriers reste le même, mais que le chiffre de la production s'abaisse, beaucoup d'ouvriers deviennent inutiles et il y a crise.

Nous avons vu que la France est beaucoup moins exposée que les autres nations industrielles aux crises de la première espèce puisque chez nous la classe agricole n'est jamais aussi exposée tout à coup et avec violence dans l'industrie.

Elle est aussi beaucoup moins exposée que plusieurs autres peuples manufacturiers aux crises de la seconde nature par la raison qu'elle dépend moins de l'étranger. Je m'explique.

Lorsque l'industrie d'une nation dépend des caprices ou des besoins des nations étrangères, de nations éloignées et souvent presque inconnues, on conçoit très bien que ces caprices ou ces besoins venant à changer par suite de causes qu'on n'a pu prévoir, une révolution industrielle est toujours à craindre. Lorsque au contraire l'unique ou le principal consommateur des produits d'un pays se trouve dans le pays même, ses besoins et ses goûts ne sauraient varier d'une manière si subite et si imprévue que le producteur ne puisse découvrir longtemps à l'avance le changement qui se prépare et, ce changement lui-même ne s'opérant que graduellement, il y a gêne dans le commerce, mais il y a rarement crise.

Le monde marche évidemment vers ce point où toutes les nations seront assez également civilisées, ou en d'autres termes, assez semblables les unes aux autres pour pouvoir fabriquer dans leur sein le plus grand nombre des objets qui leur sont agréables et nécessaires. Les crises commerciales deviendront alors plus rares et moins cruelles. Mais ce temps est encore loin de nous ; de nos jours, il existe encore assez d'inégalités entre les lumières, la puissance, l'industrie des différents peuples, pour que quelques-uns d'entre eux puissent se charger de fabriquer pour un grand nombre d'autres les objets dont ceux-ci ont besoin. Ces peuples, entrepreneurs de l'industrie humaine, amassent aisément d'immenses richesses, mais ils sont sans cesse menacés d'affreux dangers. Telle est la position de l'Angleterre. La situation commerciale de la France est tout à la fois moins brillante et plus sûre. La France n'exporte à l'étranger que les [blanc] de ses produits, le reste s'écoule à l'intérieur. Chez nous, le chiffre de la consommation s'élève sans cesse, mais les nouveaux consommateurs sont en général des Français.

En France, les crises commerciales ne peuvent donc être ni aussi fréquentes, ni aussi générales, ni aussi cruelles qu'en Angleterre. Mais on ne saurait faire qu'il n'y ait jamais de crise, car il n'y a pas de moyens connu d'équilibrer d'une manière exacte et permanente, même dans l'intérieur d'un royaume le nombre des ouvriers et le travail, la consommation et la production.

Second Mémoire sur le Paupérisme

On peut donc prévoir que les classes industrielles seront, indépendamment des cause générales et permanentes de misère qui agissent sur elles, soumises fréquemment à de crises. Il est donc bien nécessaire de pouvoir les garantir tout à la fois et des maux qu'elle s'attirent à elles-mêmes et de ceux sur les quels elles ne peuvent rien.

Toute la question est de savoir de quels moyens préventifs elles peuvent user pour en atténuer les effets.

A mon avis, tout le problème à résoudre est donc celui-ci : Trouver un moyen de donner à l'ouvrier industriel comme au petit agriculteur l'espoir et les habitudes de la propriété.

Deux moyens principaux se présentent: le premier, et celui qui au premier abord semble le plus efficace consisterait à donner à l'ouvrier un intérêt dans la fabrique. Ceci produirait pour les classes industrielles des effets semblables à ce qu'amène la division de la propriété foncière parmi la classe agricole.

Ce serait sortir des limites de cet écrit que d'examiner tous les plans qui ont été successivement proposés pour arriver à ce résultat.

Je me contenterai donc de dire brièvement que ces plans pour réussir ont toujours rencontré un de ces deux obstacles: d'une part les capitalistes entrepreneurs d'industrie se sont presque tous montrés peu enclins à donner à leurs ouvriers une portion proportionnelle des profits ou à placer dans l'entreprise les petites sommes que ceux-ci auraient pu leur confier. Je pense que dans leur propre intérêt, ils ont grand tort de ne point le faire, mais il ne serait ni juste ni utile de les y obliger.

D'une autre part, lorsque les ouvriers ont voulu se passer des capitalistes, s'associer entre eux, réunir des fonds et gérer eux-mêmes à l'aide d'un syndicat leur industrie, ils n'ont pu réussir. Le désordre n'a pas tardé à s'introduire dans l'association, ses agents ont été infidèles, ses capitaux insuffisants ou mal assurés, son crédit presque nul, ses relations commerciales fort restreintes. Bientôt une concurrence ruineuse forçait l'association à se dissoudre. Ces tentatives ont été souvent renouvelées sous nos yeux, particulièrement depuis sept ans, mais toujours en vain.

Alexis de Tocqueville

Je suis porté à croire cependant qu'un temps s'approche où un grand nombre d'industries pourront être conduites de cette manière. A mesure que nos ouvriers acquerront des lumières plus étendues et que l'art [de] s'associer dans des buts honnêtes et paisibles fera des progrès parmi nous, lorsque la politique ne se mêlera point aux association industrielles et que le gouvernement, rassuré sur leur objet, ne refusera pas à ces dernière sa bienveillance et son appui, on les verra se multiplier et prospérer. Je pense que dans des siècles démocratiques comme les nôtres, l'association en toutes choses doit peu à peu se substituer à l'action prépondérante de quelques individus puissants.

L'idée des associations industrielles d'ouvriers me paraît donc devoir être féconde, mais je ne la crois pas mûre. Il faut donc, quant présent, chercher des remèdes ailleurs.

Puisqu'on ne peut donner aux ouvriers un intérêt de propriétaire dans la fabrique, on peut au moins leur faciliter à l'aide des salaires qu'ils retirent de la fabrique la création d'une propriété indépendante.

Favoriser l'épargne sur les salaires et offrir des ouvriers une méthode facile et sûre de capitaliser ces épargnes et de leur faire produire des revenus, tels sont donc les seuls moyens dont la société puisse se servir de nos jours dans le but de combattre les mauvais effets de la concentration des propriétés mobilières dans les mêmes mains et afin de donner à la classe industrielle l'esprit et les habitudes de la propriété qu'une grande portion de la classe agricole possède.

Toute la question se réduit donc à chercher les moyens qui peuvent permettre au pauvre le capitaliser et de rendre productives ses épargnes.

Le premier de ces moyens et le seul qu'on ait employé jusqu'ici en France est l'établissement de caisses d'épargne.

Je vais donc parler avec quelque développement des caisses d'épargne.

Les caisses d'épargne de France diffèrent quelque peu les unes des autres par le détail de l'administration. Mais en définitive, on peut toutes les considérer comme des établissements au moyen desquels les pauvres placent leurs économies dans les mains de l'État qui se charge de les faire valoir et de leur servir un intérêt de 4%.

Il en est à peu près ainsi en Angleterre, non que l'intérêt servi par l'État y est un eu moins élevé que parmi nous.

Un pareil remède n'offre-t-il pas de grands dangers ?

Je remarque d'abord que, chez nous l'État qui donne aux pauvres 4% de leur argent pourrait aisément emprunter à 2,5% ou à 3%. C'est donc au moins 1% de plus que l'État paie sans nécessité et par des considérations particulières à son créancier. La somme qui en résulte doit être considérée comme le produit d'une véritable taxe des pauvres que le gouvernement lève sur tous les contribuables pour secourir les plus nécessiteux d'entre eux.

L'État voudra-t-il longtemps supporter cette charge ? Le pourra-t-il ? C'est ce qui reste fort douteux.

Le montant des caisses d'épargne s'est élevé chez nous en peu d'années à plus de 100 millions. En Angleterre, il est en ce moment à 400 millions. Dans l'Écosse, qui ne compte que 2 300 000 habitants, l'épargne des pauvres se monte à près de 400 millions.

Si les classes pauvres de France apportaient au Trésor public 4 à 500 millions, ce qui, dans un délai donné est possible et même probable, dont il faudrait payer l'intérêt à 4%, serait-il en position de les accepter ? Lors même que l'intérêt serait réduit, ce qui serait déjà un grand malheur, une pareille somme ne serait-elle pas souvent beaucoup plus embarrassante qu'utile ?

La constitution actuelle de nos caisses d'épargne est donc gênante pour le Trésor. Offre-t-elle aux pauvres eux-mêmes, à la population en général toutes les garanties désirables ? Je ne le pense point.

Quel emploi l'État peut-il faire de ces sommes qu'on dépose dans ses mains de tous les coins de la France ?

Alexis de Tocqueville

Va-t-il les employer à pourvoir aux besoins journaliers du Trésor ? Mais les besoins du Trésor sont bornés et l'accroissement des caisses d'épargne ne l'est. Il arrive donc un moment où l'État, recevant plus qu'il ne peut dépenser, est contraint de laisser accumuler dans ses mains d'immenses capitaux improductifs. C'est ce que nous avons vu dernièrement. Au moment où la dernière loi sur les caisses d'épargne a été présentée (février 37), Le Trésor avait en caisse à la Banque 4 millions dont il payait 4% aux propriétaires et qui ne lui rapportaient rien, et qui étaient entièrement soustraits à la circulation, mesure toujours fâcheuse.

C'est ce qui faisait dire à un des orateurs qui ont pris part à la discussion de la dernière loi qu'il fallait créer des dépenses pour consommer les capitaux, idée qui a été développée par d'autres orateurs qui ont parlé de grands travaux publics qui seraient entrepris avec l'épargne des ouvriers. Comme ces travaux ne seraient pas ou pourraient ne pas être productifs pour l'État, tout ceci se réduirait en définitive à grever chaque année la masse des contribuables de l'intérêt des sommes que les pauvres déposent dans le Trésor public. Ce serait évidemment la taxe des pauvres sous un autre nom.

Si l'État n'emploie pas l'argent des caisses d'épargne à pourvoir aux besoins journaliers du Trésor, il faut qu'il le place de manière à lui rapporter des intérêts. Or, il est facile de voir qu'il n'y a qu'un placement convenable, c'est l'achat de rente. L'État n'est détenteur de l'argent des caisses d'épargne qu'à la condition de le rendre à la première demande des déposants, il ne peut donc placer lui-même l'argent des déposants qu'à la même condition, c'est-à-dire avec la faculté de réaliser à volonté pour payer son créancier. Or, il n'y a que les rentes négociables sur la place qui puissent offrir en grand cette facilité. L'État, qu'il soit représenté par le Trésor ou par la Caisse des Dépôts et Consignations, ne peut donc placer l'argent des pauvres qu'en rentes. Ceci a plusieurs inconvénients très graves, mais en particulier cet inconvénient-ci : lorsque les pauvres déposent, on achète continuellement des rentes et on les achète à un haut prix, précisément parce qu'on en achète beaucoup à la fois ; lorsqu'il y a panique ou misère réelle et que les pauvres redemandent leur argent, il faut pour les payer vendre des rentes et les vendre à bas prix, pour la raison qu'on en vend beaucoup à la fois. L'État est donc placé dans cette position déplorable qu'il doit toujours acheter cher et vendre à bon marché, c'est-à-dire perdre.

Cet exposé est exact et je ne pense pas que personne à présent songe à le contester.

Ainsi le dépôt de l'argent des pauvres dans les mains de l'État est ou peut aisément devenir très onéreux à l'État et, ce qu'il y a de pis, il peut lui imposer des charges dont il est impossible de prévoir d'avance l'étendue.

Ce n'est pas tout. Est-il conforme à l'intérêt général du pays et à sa sûreté ? Sous le point de vue économique, je pense qu'il est nuisible d'attirer sans cesse vers le centre tous les petits capitaux disponibles des provinces, lesquels pourraient servir à féconder les localités. Je sais qu'une partie de ces capitaux reviennent aux localités sous forme de traitements aux fonctionnaires, de travaux publics... Mais ce retour de l'argent du centre vers les extrémités se fait lentement et inégalement ; les plus fortes sommes sont souvent répandues dans les provinces qui ont le moins fourni au Trésor et qui, étant plus pauvres et plus arriérées, ont plus besoin qu'on leur ouvre des routes, qu'on leur creuse des canaux... D'ailleurs ce n'est jamais qu'une partie des épargnes des pauvres qui retourne aux pauvres sous forme de salaires ou d'améliorations sociales. La grande masse, surtout d'après la nouvelle loi, va se perdre dans les fonds publics et reste dans les mains du commerce et des rentiers de Paris.

Si je considère le système actuel sous le point de vue purement politique, ses dangers me frappent bien plus encore.

Pour moi je ne puis croire qu'il soit sage de déposer toute la fortune des classes pauvres d'un grand royaume dans les mêmes mains et pour ainsi dire dans un seul lieu, de telle sorte qu'un événement, improbable sans doute, mais possible, puisse ruiner d'un seul coup leurs seules et dernières ressources et porter au désespoir des populations entières qui, n'ayant plus rien à perdre, seraient aisément précipitées sur le bien d'autrui.

Alexis de Tocqueville

Depuis cent ans, l'État a fait plus d'une fois banqueroute: l'Ancien Régime l'a fait, la Convention l'a fait. Durant les cinquante dernières années, le gouvernement de la France a été radicalement changé sept fois et il a été remanié un grand nombre d'autres. Pendant le même espace, les Français ont eu 25 ans de guerre terrible et deux invasions presque complètes de leur territoire. Il est pénible de rappeler ces faits, mais la prudence demande qu'on ne les oublie point. Est-ce dans un siècle de transition comme le nôtre, dans un siècle qui est appelé forcément, par sa position, par sa nature, à de longues agitations, est-ce dans un pareil siècle qu'il est sage de mettre dans les mains du gouvernement, quels que soient sa forme et son représentant actuel, la fortune entière d'un si grand nombre d'hommes ? Je ne puis le croire et il faut qu'on me prouve que la chose est nécessaire pour que je m'y soumette.

D'ailleurs ce qu'il faut craindre, ce n'est pas seulement que le gouvernement s'empare du capital prêté par les pauvres, c'est que le prêteur lui-même par son imprudence mette le créancier dans l'impossibilité de rendre et le force de faire banqueroute.

Quel est l'objet des caisses d'épargne ? De permettre au pauvre d'accumuler peu à peu pendant les années de prospérité des capitaux dont il pourra se servir dans les temps de misère. Il est donc dans l'essence même des caisses d'épargne que le remboursement soit toujours exigible et par petites sommes, c'est-à-dire en espèces.

A un moment de crise nationale, dans un temps de révolution, alors que des craintes réelles ou imaginaires sur la solvabilité du trésor public s'empareraient tout à coup de l'esprit du peuple, il serait donc possible qu'en peu de jours l'État fût mis en demeure de payer *en numéraire* plusieurs centaines de millions de francs. Ce qui cependant ne pourrait se faire. Or, qui oserait calculer l'effet que produirait sur toutes les classes indigentes d'un grand royaume comme la France l'annonce d'un pareil événement ?

Dans le louable dessein de dissiper les craintes mal fondées que la dernière loi sur les caisses d'épargne avait fait naître dans l'esprit des classes ouvrières de Paris, M. Charles Dupin a dernièrement essayé d'établir

Second Mémoire sur le Paupérisme

qu'en France les dépôts aux caisses d'épargne ne pourront dépasser de certaines limites fixes, qu'il a fixées au maximum à environ 250 millions, somme déjà considérable, mais à laquelle cependant l'État pourrait sans doute faire face.

Afin de prévenir l'argument qu'on ne peut manquer de tirer de l'exemple de l'Angleterre et surtout de celui de l'Ecosse où sur une population d'un peu plus de deux millions d'habitants, les caisses d'épargne, fondées depuis trente-six ans seulement, ont déjà reçu des dépôts pour une valeur de 400 millions de francs, M. Ch. Dupin fait remarquer qu'en Angleterre les classes inférieures ne pouvant arriver à posséder la terre, ne peuvent employer leurs économies qu'en les déposant la caisse d'épargne.

Le fait est vrai, mais la conséquence qu'on en tire est singulièrement exagérée. Que l'épargne soit faite dans le but d'acheter de la terre ou des rentes peu importe. Le fait générateur, c'est l'épargne et non l'objet final de épargne.

Je vais encore plus loin et je dis que, si en France la confiance réelle et absolue dans la solvabilité des caisses d'épargne venait à s'établir parmi les classes agricoles, on verrait, proportion gardée, affluer dans ces caisses infiniment plus d'argent que l'Angleterre n'y verse. La cause en est simple: chez nous, le paysan est économe, mais il n'économise que dans un seul but, l'achat de la terre. son argent n'a donc qu'un seul emploi ou n'a pas d'emploi. Il y a donc en France beaucoup plus qu'ailleurs de petits capitaux disponibles pour la caisse d'épargne et qui en prendraient nécessairement le chemin, si une crainte instinctive et que l'expérience ne peut manquer d'affaiblir, ne les retenait encore dans les mains de ceux qui les possèdent.

Il est évident qu'à mesure que les lumières croîtront et que l'habitude de chercher un emploi à ses économies de chaque jour se répandra parmi les classes pauvres de France, le petit propriétaire foncier lui-même, au lieu d'amasser sou sur sou dans quelque coin de sa demeure la somme qui doit lui permettre d'augmenter sa terre, laissant ainsi pendant une longue suite d'années un petit capital improductif et exposé à mille accidents, il est évident, dis-je, que ce petit agriculteur portera ses économies à la caisse d'épargne voisine avec l'idée de les en retirer un jour pour faire l'acquisition territoriale qu'il désire. Les caisses d'épargne forment précisément le seul placement convenable pour ces sortes de gens qui, ne voulant acheter la terre que dans leur voisinage immédiat et par petite portion, ont besoin d'avoir toujours leur capital disponible afin d'être toujours en état de saisir à l'instant même les rares occasions qui se présentent.

Le goût de la terre qui possède le paysan français n'empêche donc point ou empêche fort peu l'accroissement des dépôts faits dans la caisse d'épargne. En réalité, ces dépôts n'ont de limite que dans la faculté qu'aura le pauvre d'épargner et dans le plus ou moins de lumière qui lui fera voir avec plus ou moins de netteté que son intérêt est de ne pas laisser l'épargne improductive et exposée.

Voilà ce qu'il faut bien voir car les peuples, comme les individus, ne gagnent rien à se dérober la vérité. Les uns et les autres doivent au contraire la considérer fixement afin de voir si, à côté du mal, on n'aperçoit pas, par hasard, un remède.

Que résulte-t-il de tout ce qui précède ?

En résumé, je suis loin de dire que les caisses d'épargne, avec la constitution que nous leur avons donnée, offrent un péril *actuel:* elles n'en présentent aucun. Je crois même que, quand on ne pourrait trouver un moyen de faire disparaître la chance [de] ce péril à venir, il faudrait encore créer des caisses d'épargne. Les maux physiques et moraux que causent l'imprévoyance et le paupérisme sont présents et immenses, les maux qu'amènerait à la longue le remède sont éloignés et n'arriveront peut-être jamais. Cette considération suffit pour me déterminer.

Tout ce que je veux dire, c'est qu'il serait imprudent de croire avoir trouvé dans les caisses d'épargne, telles que nous les voyons de nos jours, un remède assuré aux maux de l'avenir et qu'il faut se garder de voir leur institution comme une sorte de panacée universelle. Au lieu de s'endormir sur cette fausse sécurité, les économistes et les hommes d'État de nos jours devraient tendre d'une part à améliorer la constitution des caisses d'épargne et de l'autre à créer d'autres ressources aux économies des pauvres.

Les caisses d'épargne sont un excellent moyen pour faire naître chez le pauvre l'idée de faire des économies et de faire rapporter des intérêts à leurs économies. Mais ces caisses ne sauraient devenir avec sécurité, à tout jamais, le seul lieu de dépôt pour les économies du pauvre.

Examinons succinctement ces deux questions.

Je ne prétends pas rechercher ni surtout indiquer toutes les améliorations qui pourraient être introduites dans le système des caisses d'épargne. Ce serait dépasser les limites de cet article. Je veux seulement indiquer le principe général qui me paraît devoir être adopté et l'une des applications les plus faciles de ce principe.

Le gouvernement, au lieu de s'efforcer d'attirer autant que possible le produit des caisses d'épargne dans le Trésor et dans les fonds publics, devrait tendre de tout son pouvoir à donner, sous sa garantie, à ces petits capitaux un emploi local et qui expose le moins l'État à un recours universel et soudain. Voilà le principe.

Quant à l'application, voici ce que j'ai à dire : Il existe maintenant dans toutes les villes de France des banques de prêts sur gage qu'on nomme monts-de-piété. Ces monts-de-piété sont des établissements fort usuraires puisqu'ils prêtent généralement sans courir aucun risque à 12%. Il est vrai que l'argent qu'ils amassent de cette manière sert à doter les hospices, de telle sorte que *ces monts-de-piété peuvent être considérés comme des établissements à l'aide desquels on ruine le pauvre afin de lui préparer un asile dans sa misère.*

Ce simple exposé parle de lui-même. Il est évident que, dans l'intérêt des classes indigentes et dans l'intérêt de l'ordre et de la morale publique, il faut se hâter de donner aux revenus des hôpitaux d'autres sources.

Du moment où le lien qui unit les monts-de-piété et les hôpitaux serait brisé, rien n'est plus naturel que d'unir les monts-de-piété aux caisses d'épargne et de faire de ces deux choses une seule et même entreprise.

Alexis de Tocqueville

Dans ce système, l'administration recevrait d'une main les épargnes des uns et de l'autre les remettrait. Les pauvres qui ont de l'argent à prêter le déposeraient dans les mains d'une administration qui, moyennant gage, le remettrait aux pauvres qui auraient besoin d'emprunter. L'administration ne serait qu'un intermédiaire entre ces deux classes. En réalité, ce serait le pauvre économe ou momentanément favorisé par la fortune qui prêterait à intérêt son épargne au pauvre prodigue ou malheureux.

Quoi de plus simple, de plus praticable et de plus moral à la fois qu'un pareil système: les épargnes des pauvres placées de cette manière ne feraient courir aucun risque ni à l'État ni aux pauvres eux-mêmes, car il n'y a rien de plus sûr au monde qu'un placement sur gage.

L'intérêt de l'argent emprunté n'étant alors employé qu'à servir l'intérêt des épargnes déposées par le pauvre, on pourrait obtenir à la fois ces deux résultats si utiles: on n'aurait plus besoin de demander un intérêt usuraire au pauvre qui emprunte sur gage et on pourrait donner un intérêt plus élevé au pauvre qui dépose son épargne. L'un pourrait être aisément réduit à 7% et l'autre élevé à 5% ce qui serait un double bien.

Il pourrait, il est vrai, se rencontrer des moments de misère publique où les déposants à la caisse d'épargne viendraient redemander leur argent, tandis que le nombre des emprunteurs au mont-de-piété s'accroîtrait outre mesure. L'administration recevrait alors moins des uns et elle serait obligée de fournir plus aux autres.

Il est facile de voir que le péril qu'on signale ici n'est qu'apparent et non réel.

Il n'y a pas d'établissement qui jouisse de plus de crédit qu'une maison de prêt sur gage. Ceux qui lui prêtent de l'argent ne courent aucun risque parce qu'ils ont pour garantie de leur créance le gage lui-même. C'est pour cette raison que les monts-de-piété ont toujours trouvé a emprunter à bas prix lors même que l'État ou les particuliers étaient sans crédit. Si donc l'administration dont je parle se trouvait momentanément privée des épargnes de certains pauvres, elle emprunterait pour faire face elle-même aux emprunts sur gage que d'autres pauvres viendraient lui faire, et elle y trouverait encore son profit car elle emprunterait à 5 % et prêterait à 7%.

Je ne prétends point du reste être l'inventeur du système que j'expose ici. La réunion du mont-de-piété et de la caisse d'épargne a eu lieu depuis [blanc] ans dans l'une de nos villes les plus importantes et les plus avancées sous le rapport des institutions philanthropiques et populaires, la ville de Metz. Au moyen de cette réunion, les administrateurs de la caisse d'épargne ont pu servir 5% au lieu de 4% aux déposants qui avaient moins de [blanc] francs et les administrateurs du mont-de-piété (qui sont les mêmes personnes) ont été en état de baisser l'intérêt du prêt sur gage à 7%, tandis qu'à Paris on ne traite encore qu'à 12%. De plus, les frais d'administration de ces deux établissements ont diminué de moitié depuis que les deux établissements ont été réunis en un seul. Enfin, et pour compléter le tableau, il faut ajouter que la caisse d'épargne de Metz ainsi que le mont-de-piété ont traversé la révolution de 1830 et la crise financière qui a suivi sans éprouver d'embarras notable.

Les idées que j'expose n'ont donc pas seulement pour elles le raisonnement, mais l'expérience. Pourquoi le gouvernement, qui, dans ces derniers temps, a montre une véritable sollicitude pour les intérêts matériels des classes indigentes, ne cherche-t-il pas profiter de cette utile expérience ? D'où vient que, loin de provoquer l'union des caisses d'épargne et des monts-de-piété, il résiste chaque jour aux demandes qui lui sont adressées dans ce but ? Je ne puis que difficilement le comprendre. S'il l'on parvenait jamais attirer réellement dans les mains de l'État toutes les épargnes des pauvres, la ruine des pauvres et celle de l'État lui-même ne pourraient manquer d'arriver. Le gouvernement croirait-il sa sécurité intéressée à lier l'existence des classes ouvrières à la sienne de telle sorte qu'on ne puisse le détruire sans les ruiner ? Je ne puis donc croire à une entreprise si périlleuse. Pour moi, j'avoue que je vois, dans la combinaison que j'indique, le plus puissant moyen dont on puisse user pour retirer des caisses d'épargne leurs avantages en évitant une partie de leurs périls. Je dis une partie car il est évident que le remède proposé peut, dans un temps donné, devenir insuffisant.

Si les administrateurs de la caisse d'épargne ne pouvaient employer les

Alexis de Tocqueville

économies du pauvre qu'à prêter sur gage, ce placement étant borné et l'épargne ne l'étant pas, il arriverait sans doute un jour qu'on serait obligé de refuser une partie des nouveaux déposants, ce qui serait un grand mal, puisqu'il en résulterait dans l'esprit du pauvre un doute continuel sur le placement de ses économies et par conséquent une grande tentation de ne pas économiser.

Je ne voudrais donc pas que l'État fermât d'une manière définitive ses caisses à l'épargne du pauvre. Je laisserais subsister la législation telle qu'elle existe de nos jours ; seulement je n'autoriserais les caisses d'épargne à verser leurs fonds au Trésor que quand les monts-de-piété ne leur offriraient plus d'emploi. De cette manière, on aurait tous les avantages de l'institution et on aurait évité plus grande partie de ses dangers.

Mais ce n'est point encore assez. Tant que le pauvre ne voudra placer son argent qu'à condition de pouvoir le retirer à sa volonté tant qu'on n'aura pas offert des moyens, faciles et sûrs de le placer autrement, on n'arrivera point à des résultats tout à la fois grands et sûrs.

Fin du texte

ISBN : 978-1511688680

www.ingramcontent.com/pod-product-compliance
Lightning Source LLC
Chambersburg PA
CBHW070404290526
45790CB00004B/1631